AF187995

Impressum
Verlag: BABADADA GmbH, Nedderfeld 112 , 22529 Hamburg
Geschäftsführer / Verlagsleitung: Harald Hof
Druck: Books on Demand GmbH, In de Tarpen 42, 22848 Norderstedt

Imprint
Publisher: BABADADA GmbH, Nedderfeld 112 , 22529 Hamburg, Germany
Managing Director / Publishing direction: Harald Hof
Print: Books on Demand GmbH, In de Tarpen 42, 22848 Norderstedt

школа

escola

классная комната
classe

делить
dividir

186/2

доска
tauler

школьный двор
pati (de l'escola)

учитель
professor

бумага
paper

писать
escriure

ручка
estilogràfica

письменный стол
escriptori

линейка
regle

книга
llibre

ученик
estudiant

ранец

bossa

пенал

estoig

карандаш

llapis

точилка

maquineta de fer punta

ластик

goma

альбом для рисования

bloc de dibuix

рисунок

dibuix

кисточка

pinzell

коробка красок

capsa de pintures

ножницы

tisores

клей

cola

тетрадь

quadern d'exercicis

домашняя работа

deures

12

цифра

nombre

2+2

прибавлять

afegir

5-2

вычитать

sostreure

2×2

умножать

multiplicar

считать

calcular

A

буква

lletra

ABCDEFG HIJKLMN OPQRSTU VWXYZ

алфавит

alfabet

слово

mot

текст

text

читать

llegir

мел

guix

урок

lliçó

классный журнал

llibre de classe

экзамен

examen

диплом

certificat

школьная форма

uniforme escolar

образование

formació

энциклопедия

enciclopèdia

университет

universitat

микроскоп

microscopi

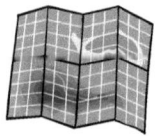

карта

mapa

корзина для бумаг

paperera

путешествие

viatge

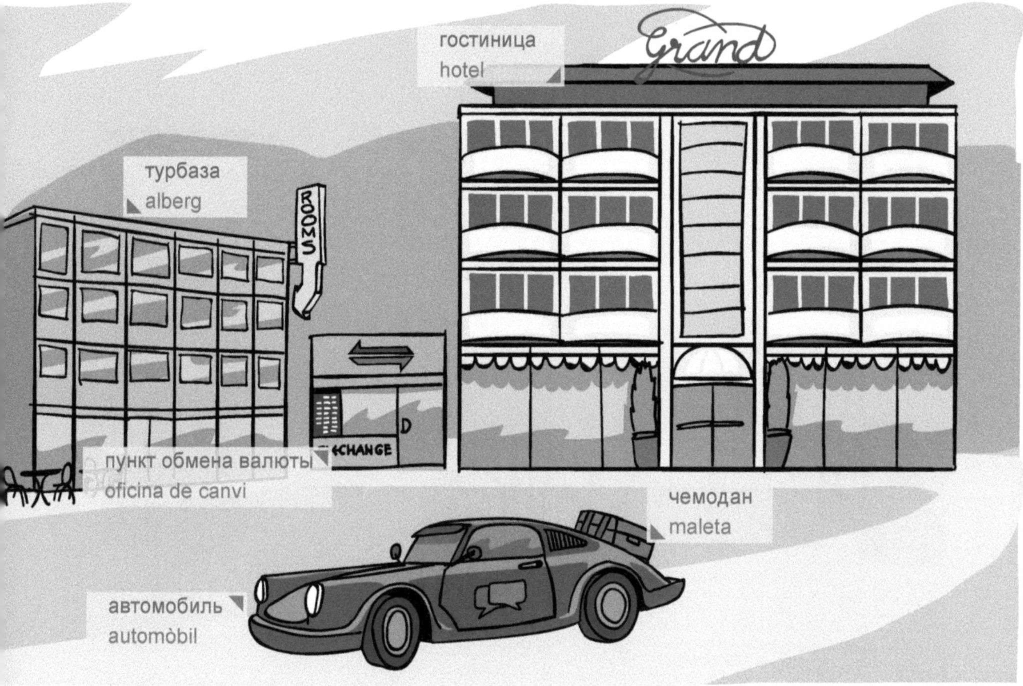
гостиница
hotel
Grand
турбаза
alberg
ROOMS
CHANGE
пункт обмена валюты
oficina de canvi
чемодан
maleta
автомобиль
automòbil

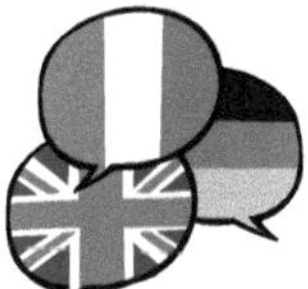

язык
....
llengua

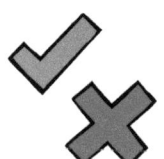

да / нет
....
sí / no

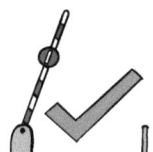

хорошо
....
D'acord

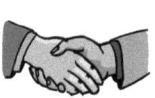

Привет
....
Ey!

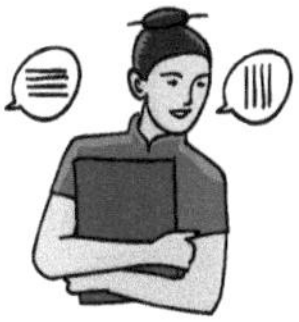

переводчик
....
traductora

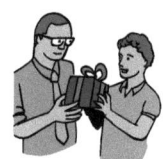

Спасибо
....
gràcies

Сколько стоит…?

Quant costa… ?

Я не понимаю

No entenc

проблема

problema

Добрый вечер!

Bona nit!

Доброе утро!

bon dia!

Доброй ночи!

bona nit!

До свидания

fins aviat

направление

direcció

багаж

bagatge

сумка

bossa

рюкзак

sarrona

гость

convidat

комната

cambra

спальный мешок

sac de dormir

палатка

tenda

туристическая информация
oficina de turisme

пляж
platja

кредитная карточка
carta de crèdit

завтрак
esmorzar

обед
dinar

ужин
sopar

билет
bitllet

лифт
ascensor

почтовая марка
segell

граница
frontera

таможня
duana

посольство
ambaixada

виза
visat

паспорт
passaport

транспорт
transport

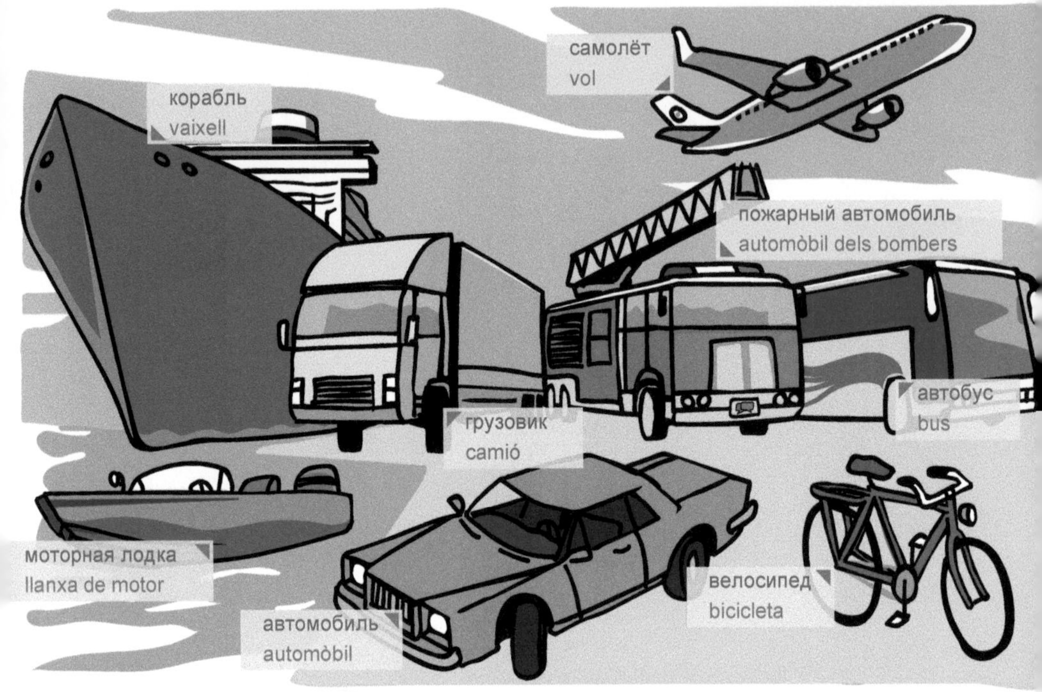

самолёт
vol
корабль
vaixell
пожарный автомобиль
automòbil dels bombers
автобус
bus
грузовик
camió
моторная лодка
llanxa de motor
велосипед
bicicleta
автомобиль
automòbil

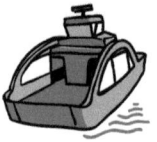

паром

transbordador

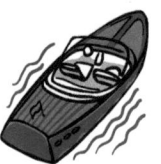

лодка

barca

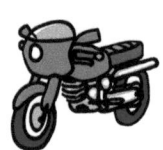

мотоцикл

moto

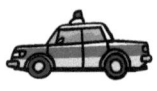

полицейский автомобиль

automòbil de policia

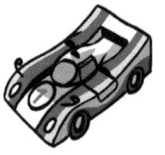

гоночный автомобиль

automòbil de curses

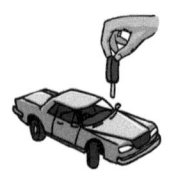

арендованный автомобиль

automòbil de lloguer

совместное пользование
автомобилями

vehicle compartit

буксировочный
автомобиль
grua

мусоровоз

camió de les escombraries

двигатель

motor

топливо

benzina

заправка

benzineria

дорожный знак

senyal de trànsit

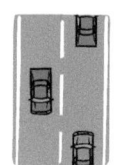

движение

trànsit

пробка

embús

автостоянка

aparcament

вокзал

estació de trens

рельсы

vies

поезд

tren

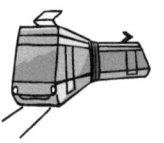

трамвай

tramvia

вагон

vagó

вертолёт

helicòpter

аэропорт

aeroport

вышка

torre

пассажир

passatger

контейнер

contenidor

коробка

capsa de cartó

тележка

carretó

корзина

cistella

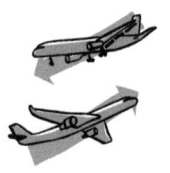

взлетать / приземляться

enlairar-se / aterrar

город

ciutat

деревня

poble

центр города

centre de la ciutat

дом

casa

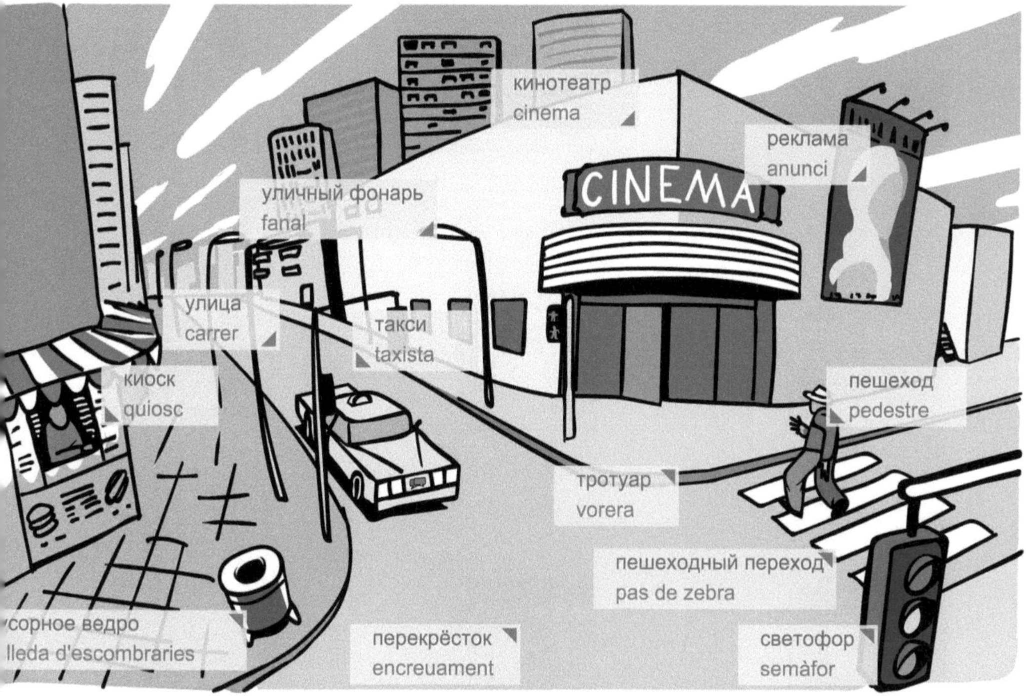

кинотеатр
cinema

реклама
anunci

уличный фонарь
fanal

CINEMA

улица
carrer

такси
taxista

пешеход
pedestre

киоск
quiosc

тротуар
vorera

пешеходный переход
pas de zebra

сорное ведро
galleda d'escombraries

перекрёсток
encreuament

светофор
semàfor

хижина

cabana

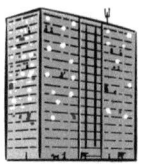

квартира

apartament

вокзал

estació de trens

ратуша

casa de la vila-ciutat

музей

museu

школа

escola

университет

universitat

банк

banca

больница

hospital

гостиница

hotel

аптека

farmàcia

офис

oficina

книжный магазин

llibreria

магазин

botiga

цветочный магазин

floristeria

супермаркет

supermercat

рынок

mercat

универмаг

gran magatzem

торговец рыбой

peixateria

торговый центр

centre comercial

порт

port

парк

parc

скамейка

banc

мост

pont

лестница

escala

метро

metro

тоннель

túnel

автобусная остановка

parada d'autobús

бар

bar

ресторан

restaurant

почтовый ящик

bústia de correu

табличка с названием улицы

senyal indicador

паркометр

parquímetre

зоопарк

zoo

бассейн

piscina

мечеть

mesquita

ферма

granja

загрязнение окружающей
среды

pol·lució

кладбище

cementiri

церковь

església

детская площадка

parc infantil

храм

temple

ландшафт

paisatge

лист
fulla

дорожный указатель
cartell indicador

дорога
camí

луг
prat

камень
pedra

дерево
arbre

путешественник
excursionista

река
riu

трава
gespa

цветок
flor

долина
vall

гора
muntanya

озеро
llac

лес
bosc

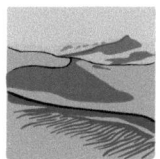

пустыня
desert

вулкан
volcà

замок
castell

радуга
arc de Sant Martí

гриб
bolet

пальма
palmera

комар
moscard

муха
mosca

муравей
formiga

пчела
abella

паук
aranya

ландшафт - paisatge

жук

escarabat

лягушка

granota

белка

esquirol

еж

eriçó

заяц

llebre

сова

òliba

птица

ocell

лебедь

cigne

кабан

senglar

олень

cervo

лось

ant

плотина

presa

ветряной генератор

turbina

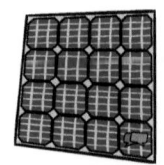

солнечная батарея

panell solar

климат

clima

ресторан
restaurant

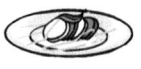

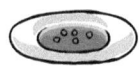

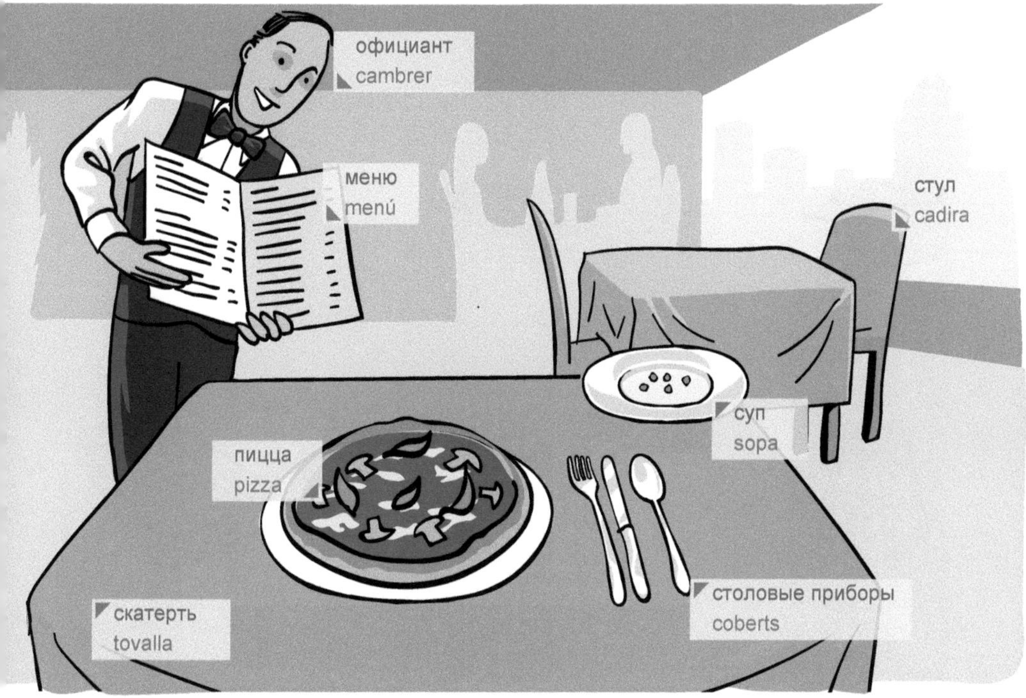
официант
cambrer
меню
menú
стул
cadira
суп
sopa
пицца
pizza
столовые приборы
coberts
скатерть
tovalla

закуска

primer plat

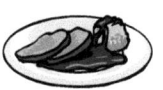

главное блюдо

plat principal

десерт

darreries

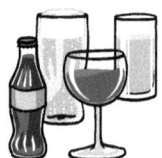

напитки

begudes

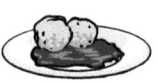

еда

menjar

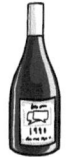

бутылка

ampolla

фастфуд

menjar ràpid

уличная еда

menjar de carrer

чайник

tetera

сахарница

sucrer

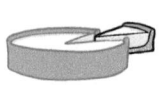

порция

porció

кофеварка

màquina d'espresso

детский стульчик

trona

счет

factura

поднос

plata

нож

ganivet

вилка

forqueta

ложка

cullera

чайная ложка

cullereta

салфетка

tovalló

стакан

got

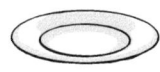

тарелка

plat

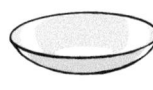

суповая тарелка

plat de sopa

блюдце

plateret

соус

salsa

солонка

saler

мельница для перца

molinet de pebre

уксус

vinagre

масло

oli

специи

espècies

кетчуп

quètxup

горчица

mostassa

майонез

maionesa

супермаркет

supermercat

специальное предложение
oferta especial
FOR
покупатель
client
молочные продукты
productes lactis
фрукты
fruites
тележка для покупок
carret de la compra

BUTCHERS

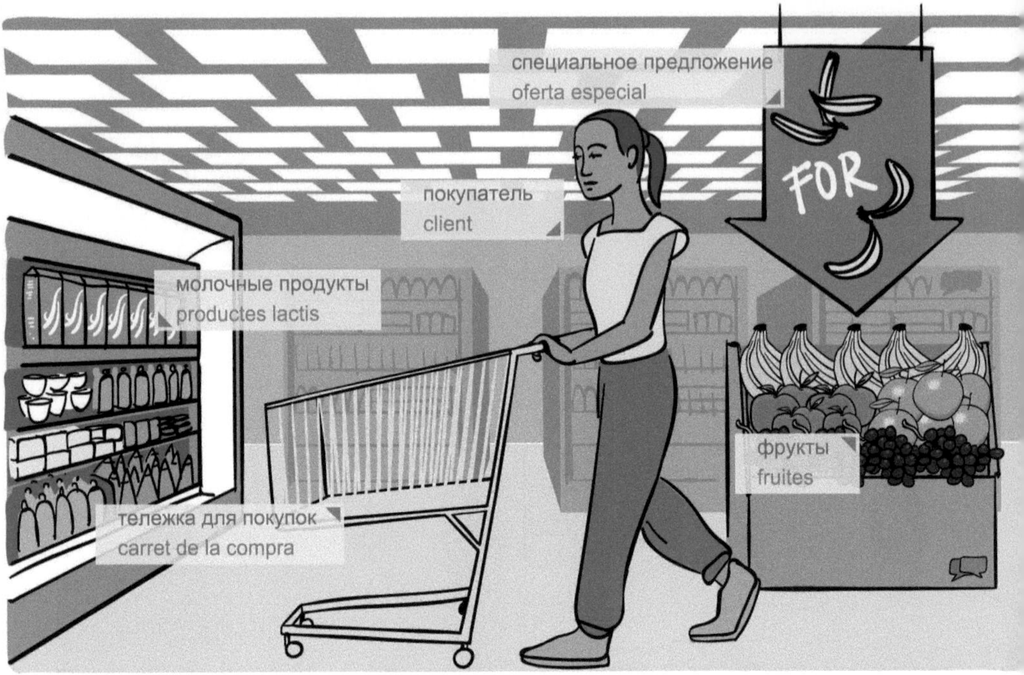

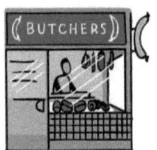

мясной магазин

carnisseria

BAKERY

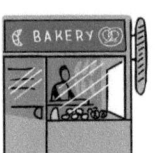

пекарня

forn de pa

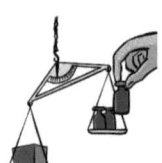

взвешивать

pesar

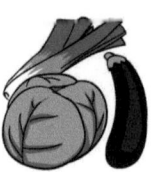

овощи

verdures

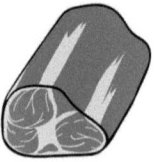

мясо

carn

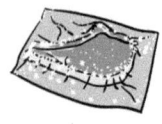

быстрозамороженные продукты

menjar congelat

нарезка

carn freda

консервы

conserves

стиральный порошок

detergent en pols

сладости

dolços

предмет домашнего обихода

articles domèstics

моющее средство

productes de neteja

продавщица

venedora

касса

caixa registradora

кассир

caixera

список покупок

llista de la compra

время работы

horari d'obertura

бумажник

portamonedes

кредитная карточка

carta de crèdit

сумка

bossa

полиэтиленовый пакет

bossa de plàstic

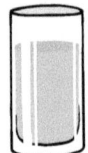

вода

aigua

сок

suc

молоко

llet

кока-кола

coca-cola

вино

vi

пиво

cervesa

алкоголь

alcohol

какао

cacau

чай

te

кофе

cafè

эспрессо

espresso

капучино

cappuccino

банан

banana

яблоко

poma

апельсин

taronja

арбуз

síndria

лимон

llimona

морковь

pastanaga

чеснок

all

бамбук

bambú

лук

ceba

гриб

bolet

орехи

avellanes

лапша

fideus

спагетти

espaguetis

рис

arròs

салат

amanida

картофель фри

patates fregides

жареный картофель

patates fregides

пицца

pizza

гамбургер

hamburguesa

сэндвич

entrepà

шницель

escalopa

ветчина

cuixot

салями

salami

колбаса

salsitxa

курица

pollastre

жаркое

rostit

рыба

peix

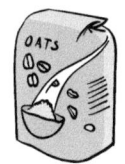

овсяные хлопья

flocs de civada

мюсли

musli

кукурузные хлопья

cereals

мука

farina

круассан

croissant

булочка

panet

хлеб

pa

тост

torrada

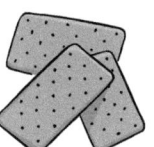

печенье

bescuits

масло

mantega

творог

mató

пирог

pastís

яйцо

ou

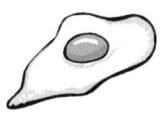

яичница

ou fregit

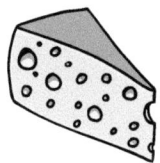

сыр

formatge

мороженое

gelat

сахар

sucre

мёд

mel

мармелад

melmelada

крем с нугой

crema de xocolata

карри

curri

ферма
granja

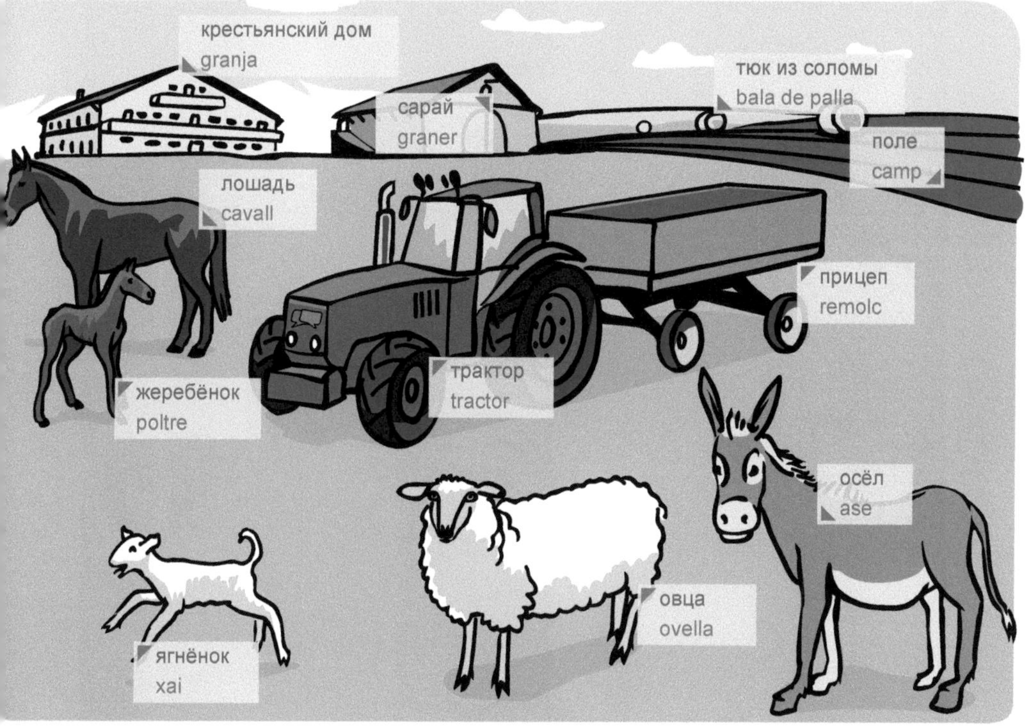

крестьянский дом
granja
сарай
graner
тюк из соломы
bala de palla
поле
camp
лошадь
cavall
прицеп
remolc
трактор
tractor
жеребёнок
poltre
осёл
ase
овца
ovella
ягнёнок
xai

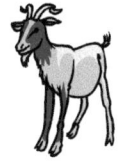

коза

cabra

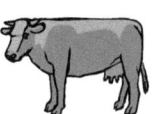

корова

vaca

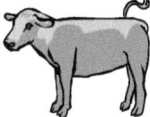

телёнок

vedella

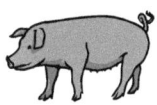

свинья

porc

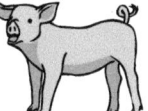

поросёнок

garrí

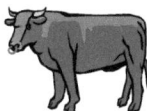

бык

bou

гусь

оса

утка

ànec

цыплёнок

poll

курица

gall

петух

gallina

крыса

rata

кошка

gat

мышь

ratolí

вол

bou

собака

gos

конура

gossera

садовый шланг

mànega de regar

лейка

regadora

коса

dalla

плуг

arada

серп

falç

мотыга

aixada

навозные вилы

forca

топор

destral

тачка

carretó

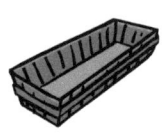

корыто

abeurador

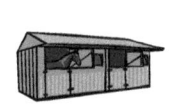

бидон для молока

lletera

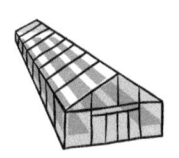

мешок

sac

забор

tanca

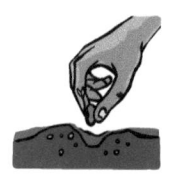

хлев

establa

теплица

hivernacle

почва

sòl

посев

llavor

удобрение

adob

комбайн

collidora

собирать урожай

collir

урожай

collita

ямс

nyam

пшеница

blat

соя

soja

картофель

patata

кукуруза

blat de moro o d'indi

рапс

colza

фруктовое дерево

arbre fruiter

маниок

mandioca

злаки

cereals

дом

casa

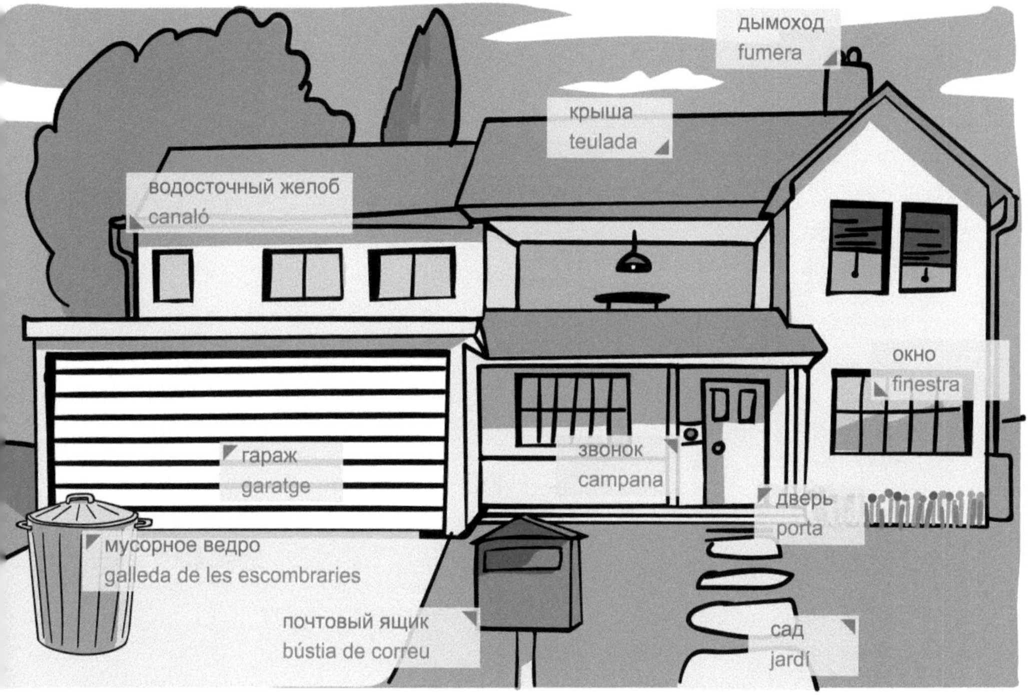

дымоход
fumera
крыша
teulada
водосточный желоб
canaló
окно
finestra
гараж
garatge
звонок
campana
дверь
porta
мусорное ведро
galleda de les escombraries
почтовый ящик
bústia de correu
сад
jardí

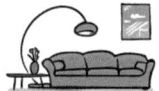

гостиная

sala d'estar

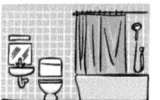

ванная комната

bany

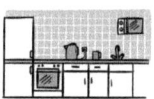

кухня

cuina

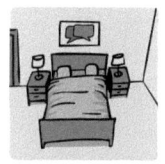

спальня

cambra de dormir

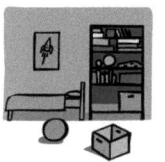

детская комната

cambra de nen

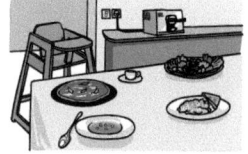

столовая

menjador

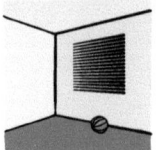

пол
sòl

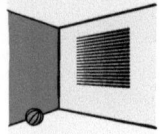

стена
paret

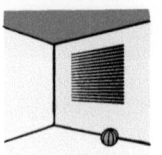

потолок
sostre

подвал
soterrani

сауна
sauna

балкон
balcó

терраса
terrassa

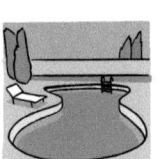

бассейн
piscina

газонокосилка
tallagespa

пододеяльник
vànova

покрывало
cobrellit

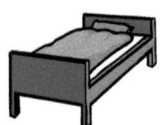

кровать
llit

метла
escombra

ведро
galleda

выключатель
interruptor

гостиная
sala d'estar

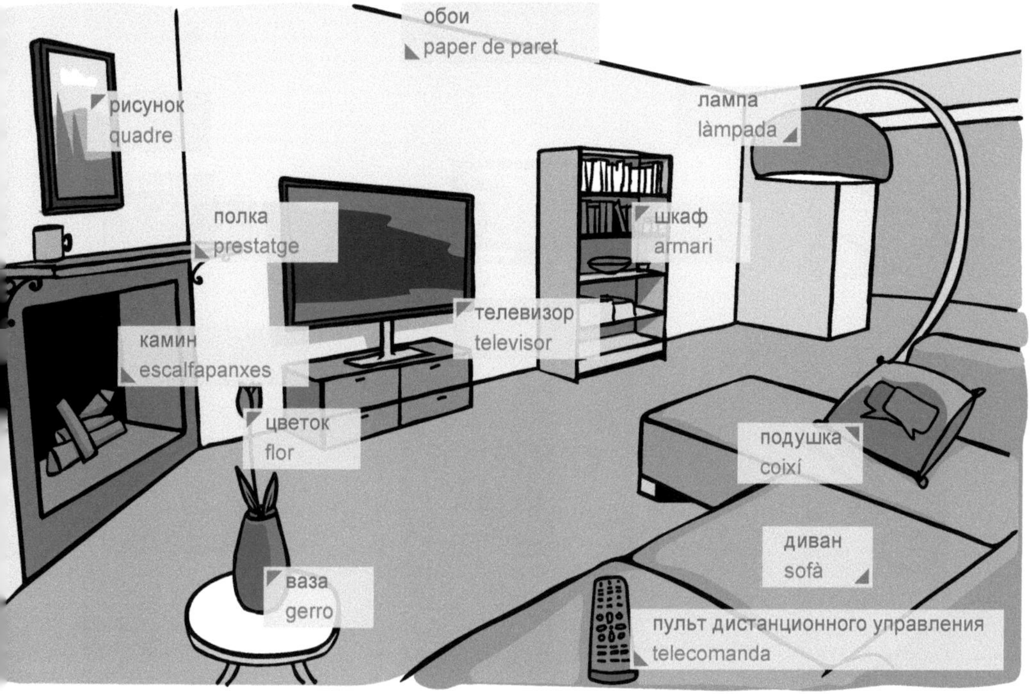
обои
paper de paret
рисунок
quadre
лампа
làmpada
полка
prestatge
шкаф
armari
телевизор
televisor
камин
escalfapanxes
цветок
flor
подушка
coixí
диван
sofà
ваза
gerro
пульт дистанционного управления
telecomanda

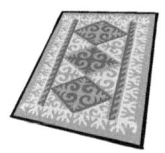

ковёр

catifa

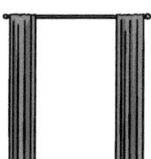

штора

cortina

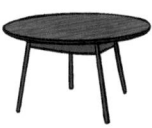

стол

taula

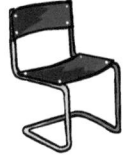

стул

cadira

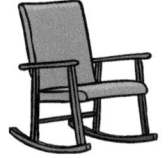

кресло-качалка

cadira gronxadora

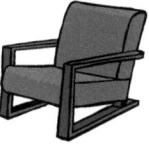

кресло

cadiral

книга

llibre

покрывало

llençol

украшение

decoració

дрова

llenya

фильм

film

стереосистема

cadena de música

ключ

clau

газета

diari

картина

pintura

плакат

cartell

радио

ràdio

блокнот

bloc de notes

пылесос

aspiradora

кактус

cactus

свеча

candela

кухня
cuina

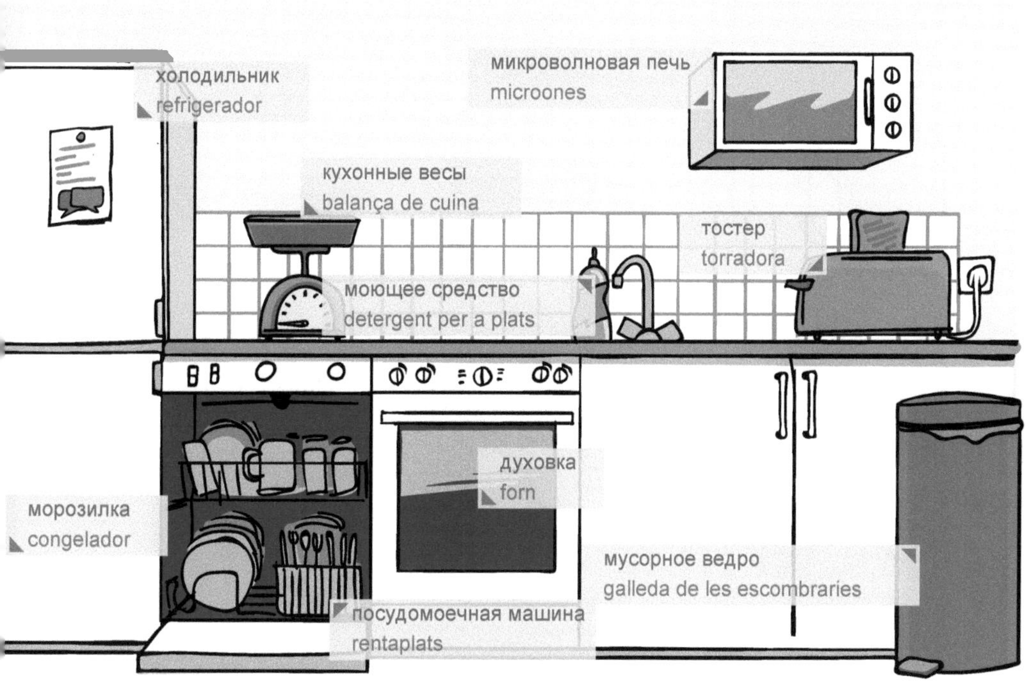
холодильник
refrigerador
микроволновая печь
microones
кухонные весы
balança de cuina
тостер
torradora
моющее средство
detergent per a plats
духовка
forn
морозилка
congelador
мусорное ведро
galleda de les escombraries
посудомоечная машина
rentaplats

плита

cuina de fogons

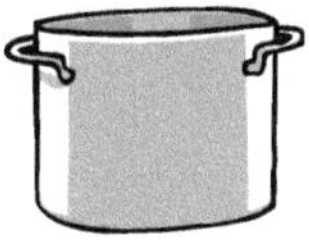

кастрюля

olla

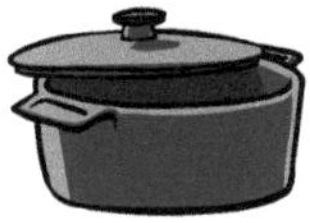

чугунный котелок

olla de ferro colat

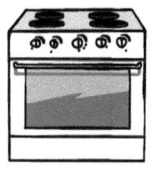

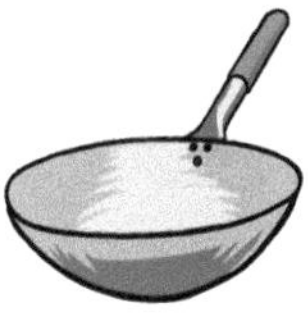

вок / кадай

wok / karahi

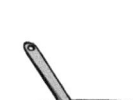

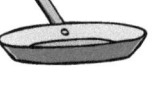

сковорода

paella

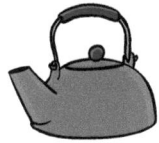

чайник

bullidor

пароварка

olla de vapor

противень

plata de forn

посуда

vaixella

кружка

tassa grossa

миска

bol

палочки для еды

bastonets xinesos

половник

culler

лопатка

espàtula

сбивалка

batedor

сито

colador

сито

sedàs

тёрка

ratllador

ступка

morter

гриль

barbacoa

костёр

foc a terra

доска

taula de tallar

скалка

corró

штопор

llevataps

жестяная банка

pot de conserva

консервный нож

obridor

прихватка

agafador

раковина

aigüera

щетка

raspall

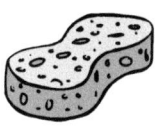

губка

esponja

миксер

batedora

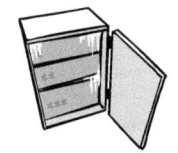

морозильная камера

congelador

бутылочка для кормления

biberó

кран

aixeta

ванная комната

bany

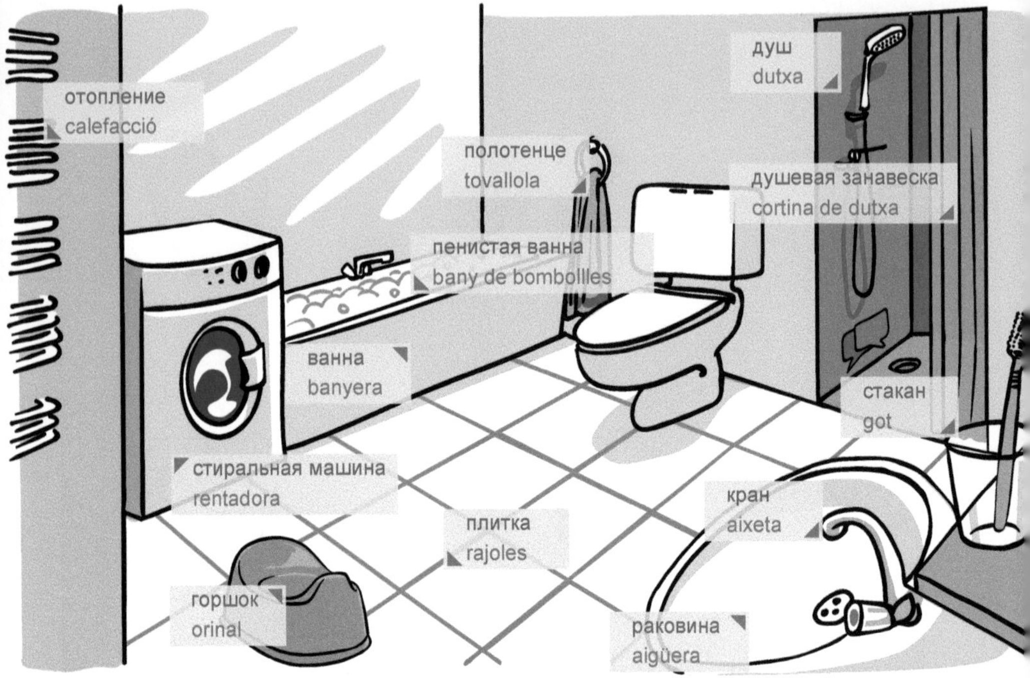

отопление
calefacció
полотенце
tovallola
душ
dutxa
душевая занавеска
cortina de dutxa
пенистая ванна
bany de bombolles
ванна
banyera
стакан
got
стиральная машина
rentadora
кран
aixeta
плитка
rajoles
горшок
orinal
раковина
aigüera

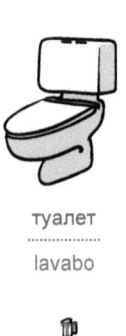

туалет

lavabo

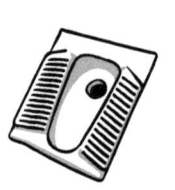

напольный унитаз

lavabo turc

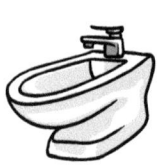

биде

bidet

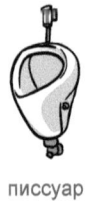

писсуар

orinador

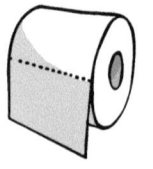

туалетная бумага

paper higiènic

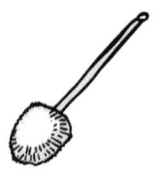

ершик

escombreta de sanitari

зубная щетка

raspall de dents

зубная паста

pasta de dents

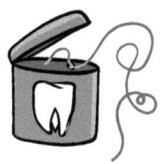

зубная нить

fil dental

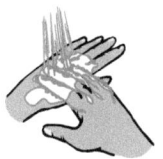

мыть

rentar

ручной душ

pom de dutxa

интимный душ

dutxa íntima

таз

rentamans

щетка для спины

raspall per a l'esquena

мыло

sabó

гель для душа

gel de dutxa

шампунь

xampú

мочалка

manyopla de bany

сток

bonera

крем

crema

дезодорант

desodorant

зеркало

mirall

ручное зеркало

mirall-espill de mà

бритва

maquineta de rasar

пена для бритья

espuma de barbejar

лосьон после бритья

loció post-rasada

расческа

pinta

щетка

raspall

фен

eixugador

лак для волос

laca

косметика

maquillatge

губная помада

pintallavis

лак для ногтей

esmalt d'ungles

вата

cotó

маникюрные ножницы

tallaungles

духи

perfum

косметичка

estoig de bellesa

табуретка

tamboret

весы

bàscula

халат

barnús

резиновые перчатки

guants de goma

тампон

compresa higiènica

гигиеническая прокладка

compresa

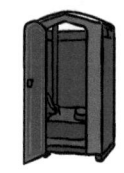

биотуалет

sanitari químic

детская комната
cambra de nen

будильник
despertador
мягкая игрушка
animal de peluix
игрушечный автомобиль
auto de joguina
погремушка
sonall
кукольный домик
casa de nines
подарок
present

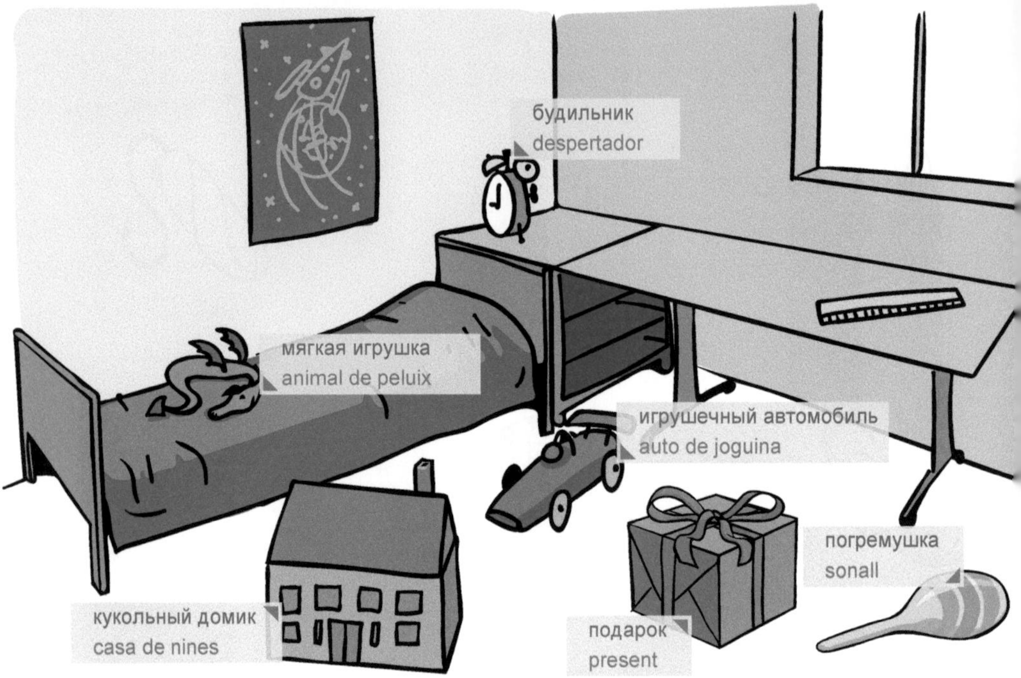

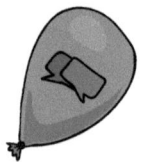

воздушный шар
baló

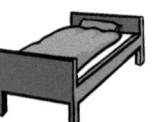

кровать
llit

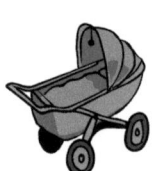

детская коляска
cotxet per a nens

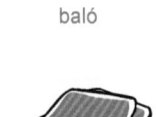

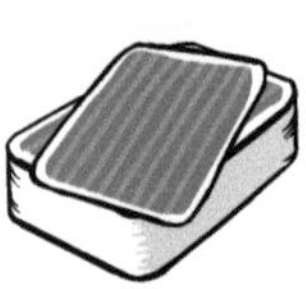

карточная игра
joc de cartes

пазл
trencaclosca

SUPER MEGA
комикс
historieta

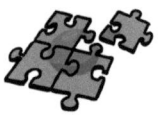

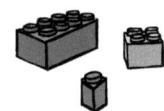

кирпичики Лего

peces de lego

кубики

peces de construcció

игрушечная фигурка

ninot d'acció

ползунки

granota

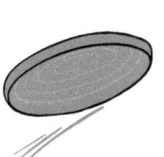

фрисби

frisbee

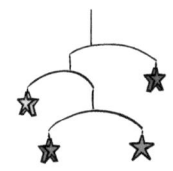

мобиле

mòbil per a bressol

настольная игра

joc de taula

кубик

daus

модель железной дороги

tren elèctric

соска

xumet

вечеринка

festa

книга с картинками

llibre de dibuixos

мяч

pilota

кукла

nina

играть

jugar

песочница

sorrera

качели

gronxador

игрушка

joguines

игровая приставка

consola de jocs de vídeo

трёхколесный велосипед

tricicle

плюшевый медвежонок

osset de peluix

шкаф для одежды

armari

одежда

roba

носки

mitjons

чулки

mitges

колготки

mitja pantaló

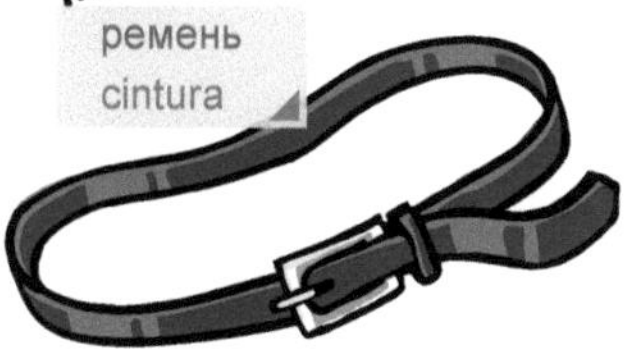

шарф
tapacoll

зонтик
paraigua

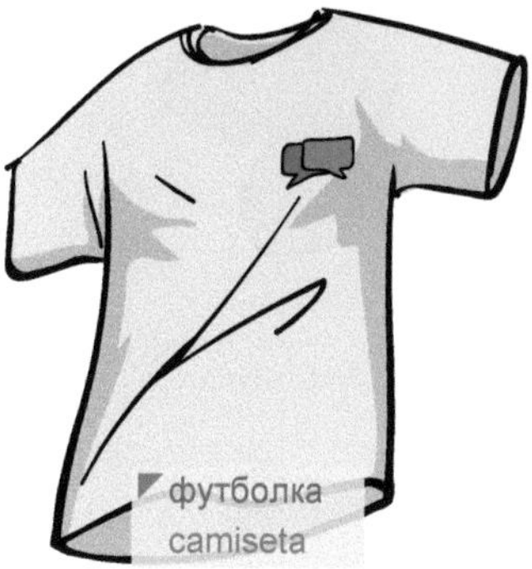

ремень
cintura

футболка
camiseta

кроссовки
sabates d'esport

сапоги
botes

тапки
plantofes

сандалии
....
sandàlies

ботинки
....
sabates

резиновые сапоги
....
botes de goma

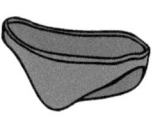

трусы
....
calçonets

бюстгальтер
....
sostenidor

майка
....
guardapits

боди

jjustacòs

брюки

pantalons

джинсы

jeans

юбка

faldeta

блузка

brusa

рубашка

camisa

свитер

jersei

свитер

dessuadora

спортивная куртка

blazer

жакет

jaqueta

пальто

mantell

плащ

impermeable

костюм

vestit de dona

платье

vestit de dona

свадебное платье

vestit de núvia

мужской костюм

vestit d'home

ночная сорочка

camisa de dormir

пижама

pijama

сари

sari

платок

mocador de cap

тюрбан

turbant

паранджа

burca

кафтан

caftan

абайя

abaia

купальник

vestit de bany

плавки

calçon(et)s de bany

шорты

pantalons curts

спортивный костюм

xandall

фартук

davantal

перчатки

guants

пуговица

botó

очки

ulleres

браслет

braçalet

цепочка

collaret

кольцо

anell

серьга

orellera

шапка

casquet

вешалка

penjador

шляпа

capell

галстук

corbata

застежка молния

cremallera

шлем

casc

подтяжки

elàstics

школьная форма

uniforme escolar

форма

uniforme

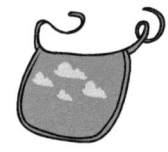

детский нагрудник

pitet

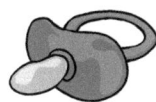

соска

xumet

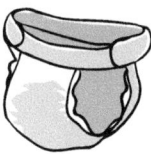

подгузник

bolquer

офис
oficina

сервер
servidor
канцелярский шкаф
armari arxivador
принтер
impressora
бумага
paper
монитор
monitor
мышь
ratolí
письменный стол
escriptori
папка
arxivador
клавиатура
teclat
стул
cadira
корзина для бумаг
paperera
компьютер
ordinador

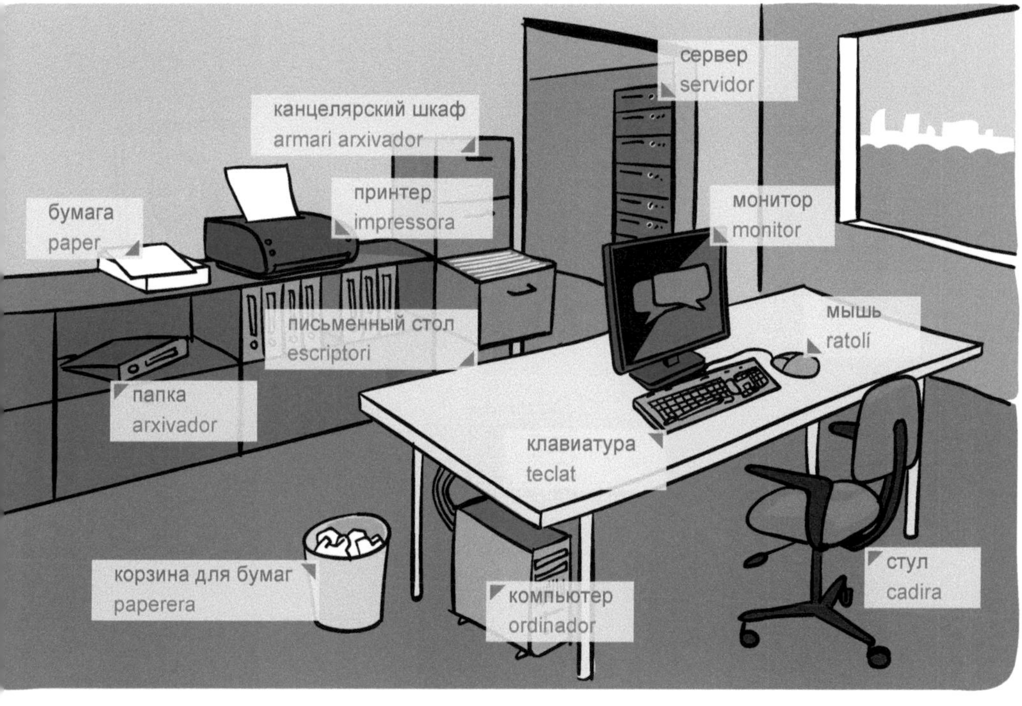

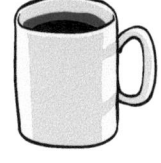

кофейная кружка

tassa de cafè

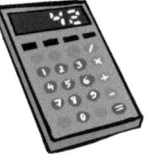

калькулятор

calculadora

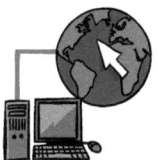

интернет

Internet

ноутбук

ordinador portàtil

письмо

lletra

сообщение

missatge

мобильный телефон

mòbil

сеть

xarxa

ксерокс

fotocopiadora

программа

programari

телефон

telèfon

розетка

presa de corrent

факс

fax

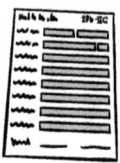

формуляр

formulari

документ

document

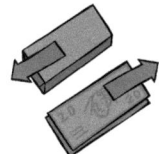

покупать

comprar

платить

pagar

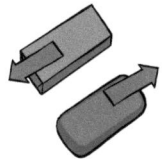

торговать

comerciar

деньги

diners

 **USD**

доллар

dòlar

 **EUR**

евро

euro

 **JPY**

иена

ien

 **RUB**

рубль

ruble

 **CHF**

франк

franc suís

 **CNY**

жэньминьби юань

renminbi

 **INR**

рупия

rupia

банкомат

caixa automàtica

пункт обмена валюты

oficina de canvi

золото

or

серебро

argent

нефть

petroli

энергия

energia

цена

preu

договор

contracte

налог

impost

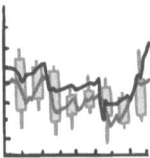

акция

acció

работать

treballar

служащий

treballador

работодатель

empresari

фабрика

fàbrica

магазин

botiga

профессии
oficis

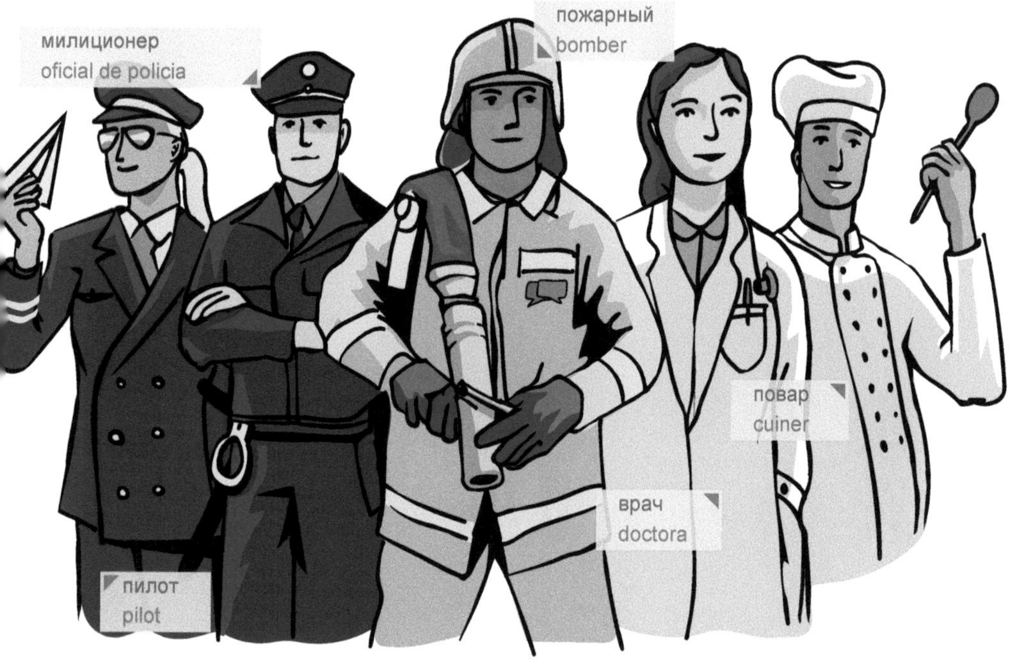
милиционер
oficial de policia
пожарный
bomber
повар
cuiner
врач
doctora
пилот
pilot

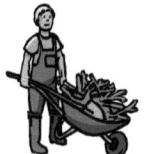

садовник

jardiner

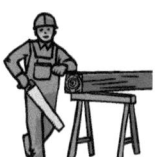

столяр

fuster

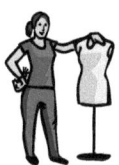

швея

costurera

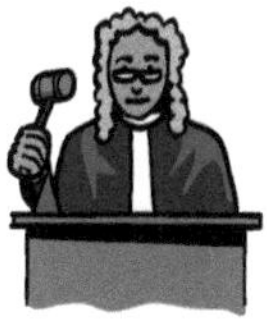

судья

jutge

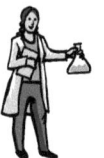

химик

química

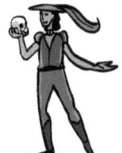

актёр

actor

водитель автобуса

conductor d'autobús

таксист

taxista

рыбак

pescador

уборщица

dona de la neteja

кровельщик

ensostrador

официант

cambrer

охотник

caçador

художник

pintor

пекарь

forner

электрик

electricista

строитель

obrer de la construcció

инженер

enginyer

мясник

carnisser

сантехник

llanterner

почтальон

correu

солдат

soldat

архитектор

arquitecte

кассир

caixera

флорист

florista

парикмахер

perruquer

кондуктор

revisor

механик

mecànic

капитан

capità

зубной врач

dentista

ученый

científic

раввин

rabí

имам

imam

монах

monjo

священник

capellà

инструменты

eines

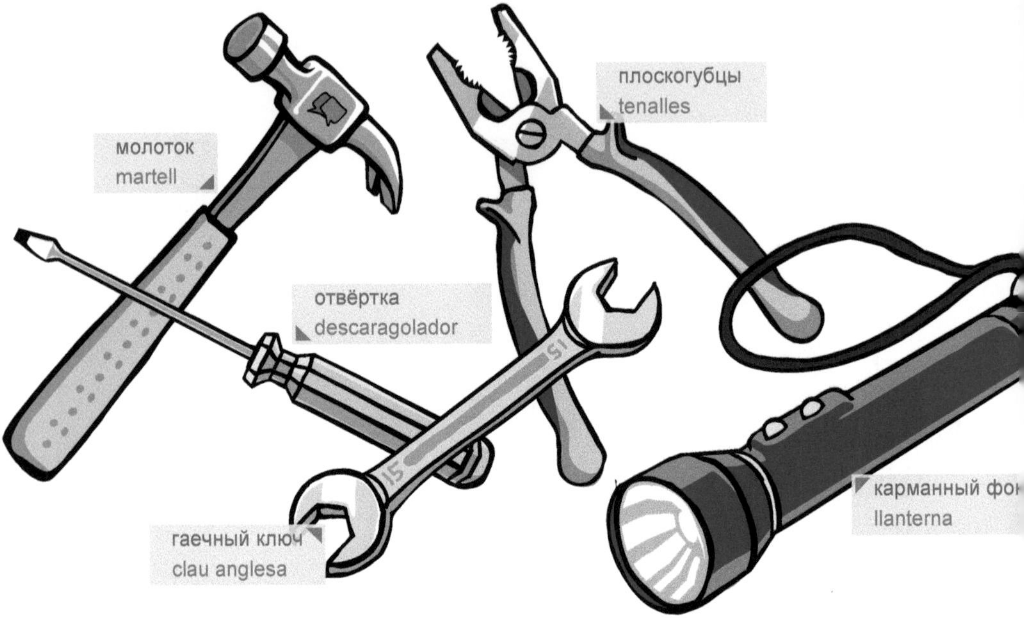

молоток
martell
плоскогубцы
tenalles
отвёртка
descaragolador
гаечный ключ
clau anglesa
карманный фо
llanterna

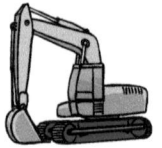

экскаватор

excavadora

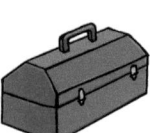

ящик для инструментов

caixa d'eines

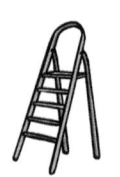

стремянка

escala

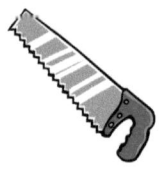

пила

serra

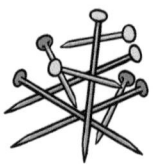

гвозди

claus

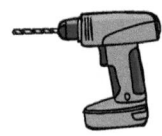

дрель

trepant

ремонтировать

reparar

лопата

pala

Блин!

Maleït siga!

совок

pala

ведро с краской

pot de pintura

винты

caragols

музыкальные инструменты
instrument de música

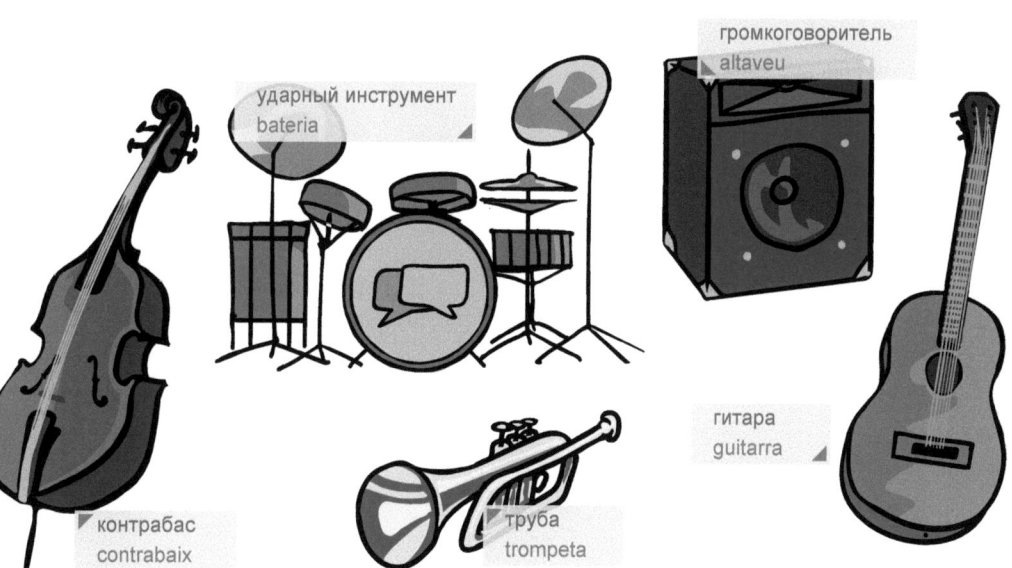

громкоговоритель
altaveu

ударный инструмент
bateria

гитара
guitarra

контрабас
contrabaix

труба
trompeta

пианино

piano

скрипка

violí

бас-гитара

baix

литавры

timbal

барабан

tambor

синтезатор

teclat

саксофон

saxofon

флейта

flauta

микрофон

micròfon

зоопарк

zoo

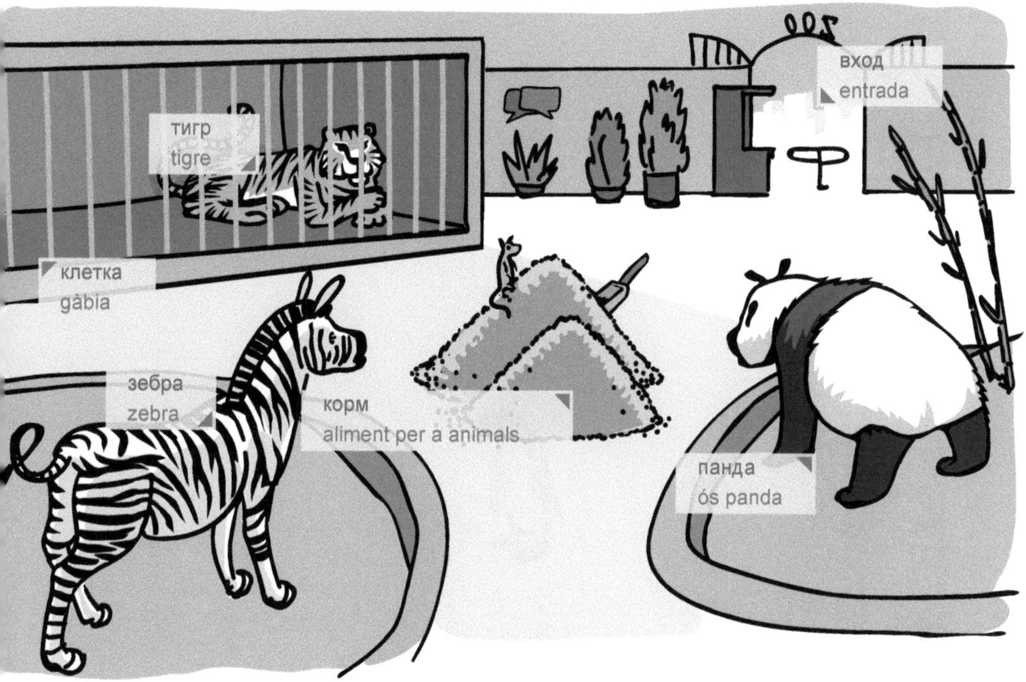

вход
entrada
тигр
tigre
клетка
gàbia
зебра
zebra
корм
aliment per a animals
панда
ós panda

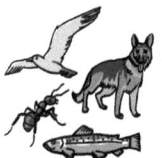

животные

animals

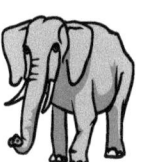

слон

elefant

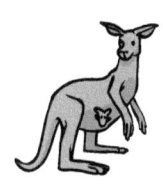

кенгуру

cangurú

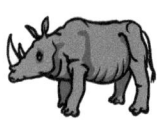

носорог

rinoceront

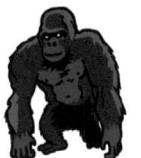

горилла

goril·la

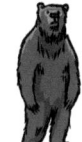

медведь

ós

верблюд

camell

страус

estruç

лев

lleó

обезьяна

simi

фламинго

flamenc

попугай

papagai

белый медведь

ós polar

пингвин

pingüí

акула

ca mari

павлин

paó

змея

serp

крокодил

cocodril

служитель зоопарка

guardià del zoo

тюлень

foca

ягуар

jaguar

пони

poni

леопард

lleopard

бегемот

hipopòtam

жираф

girafa

орёл

àliga

кабан

senglar

рыба

peix

черепаха

tortuga

морж

morsa

лиса

guineu

газель

gasela

американский футбол
futbol americà

езда на велосипеде
ciclisme

теннис
tenis

баскетбол
bàsquet

плавание
natació

бокс
boxa

хоккей
hoquei sobre gel

футбол
futbol americà

бадминтон
bàdminton

лёгкая атлетика
atletisme

гандбол
handbol

лыжный спорт
esquí

поло
polo

действия
activitats

прыгать
saltar
обнимать
abraçar
смеяться
riure
идти
anar
петь
cantar
мечтать
somiar
молиться
pregar
целовать
fer un petó

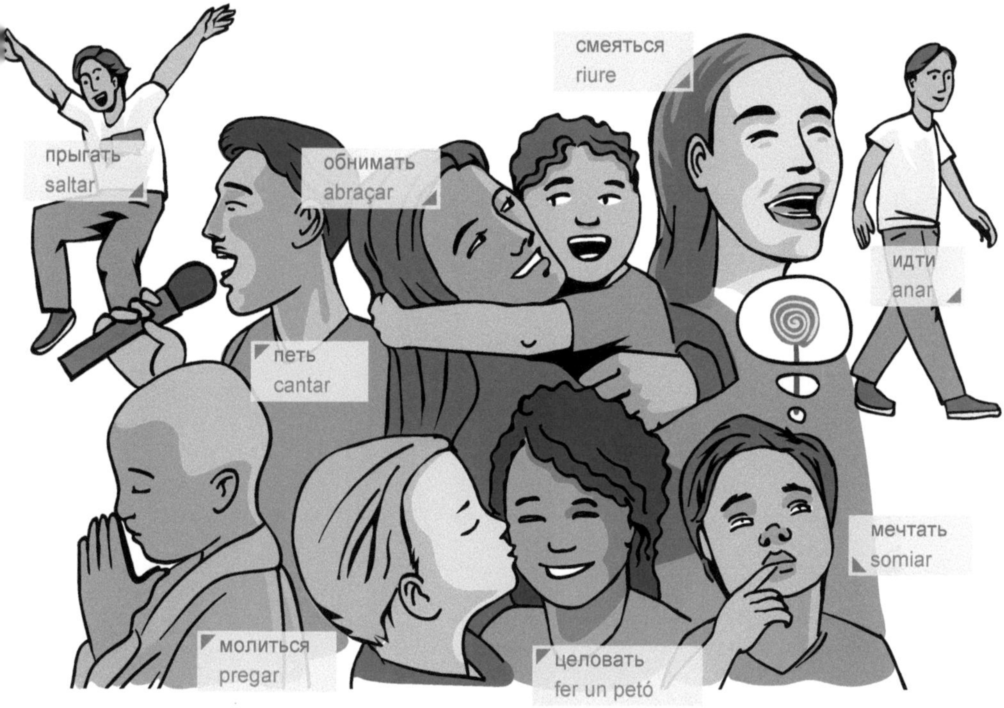

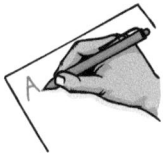

писать

escriure

рисовать

dibuixar

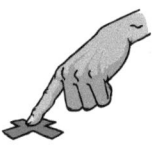

показывать

mostrar

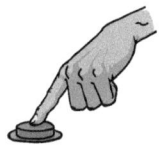

нажимать

pitjar

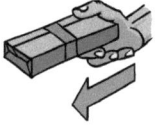

давать

donar

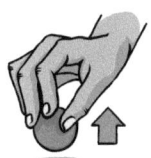

брать

prendre

иметь
tenir

делать
fer

быть
ésser

стоять
estar dret

бежать
córrer

тянуть
estirar

бросать
llançar

падать
caure

лежать
jeure

ждать
esperar

носить
portar

сидеть
asseure's

надевать
vestir-se

спать
dormir

просыпаться
despertar-se

действия - activitats

рассматривать

mirar

плакать

plorar

гладить

amoixar

причесывать

pentinar

говорить

parlar

понимать

comprendre

спрашивать

demanar

слушать

escoltar

пить

beure

кушать

menjar

наводить порядок

endreçar

любить

estimar

готовить

cuinar

ехать

conduir

летать

volar

ходить под парусом

navegar

считать

calcular

читать

llegir

учиться

aprendre

работать

treballar

вступать в брак

casar-se

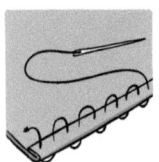

шить

cosir

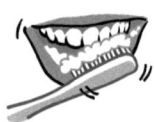

чистить зубы

raspallar-se les dents

убивать

matar

курить

fumar

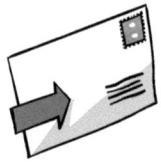

отправлять

enviar

бабушка
àvia

дедушка
avi

папа
pare

мама
mare

младенец
nadó

дочь
filla

сын
fill

гость

convidat

тетя

tia

дядя

oncle

брат

germà

сестра

germana

тело

cos

лоб
front
глаз
ull
плечо
espatlla
палец
dit
лицо
cara
подбородок
barbeta
кисть
mà
нога
cama
грудь
pit
рука
braç

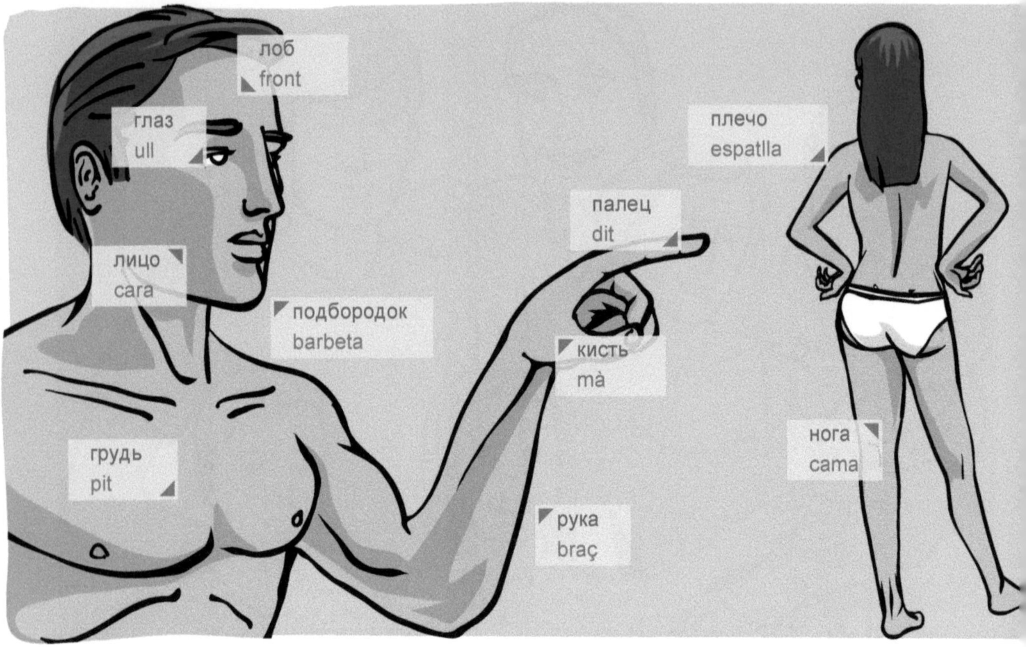

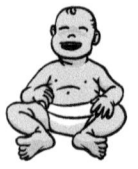

младенец

nadó

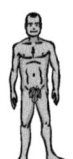

мужчина

home

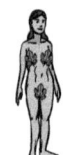

женщина

dona

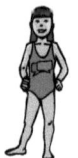

девочка

noia

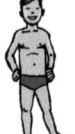

мальчик

noi

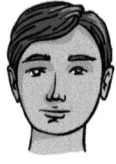

голова

cap

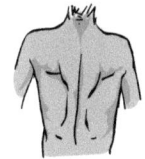

спина

esquena

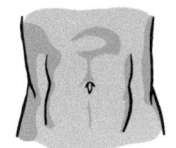

живот

panxa

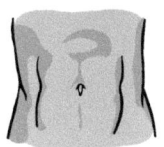

пупок

melic

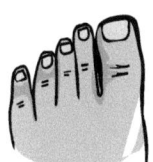

палец ноги

dit gros del peu

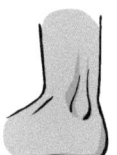

пятка

taló

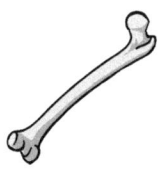

кость

os

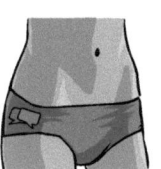

бедро

maluc

колено

genoll

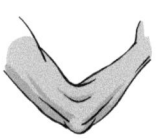

локоть

colze

нос

nas

ягодицы

cul

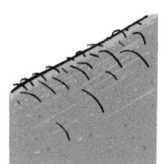

кожа

pell

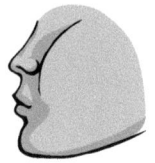

щека

galta

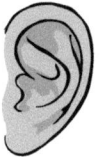

ухо

orella

губа

llavi

рот

boca

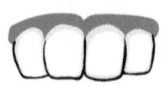

зуб

dent

язык

llengua

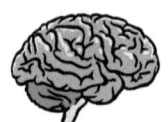

мозг

cervell

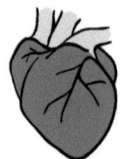

сердце

cor

мышца

múscul

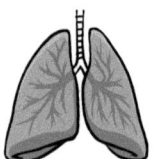

лёгкое

pulmó

печень

fetge

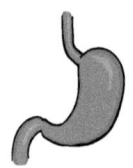

желудок

estómac

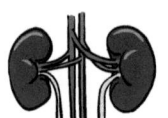

почки

ronyó

половой акт

relació sexual

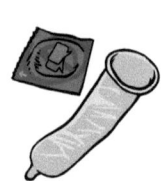

презерватив

preservatiu

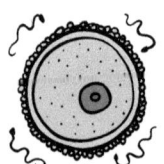

яйцеклетка

ovari

сперма

semen

беременность

prenyat

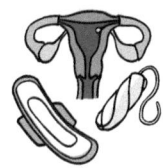

менструация

menstruació

вагина

vagina

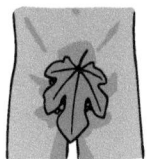

пенис

penis

бровь

cella

волосы

cabells

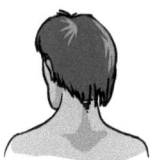

шея

coll

больница
hospital

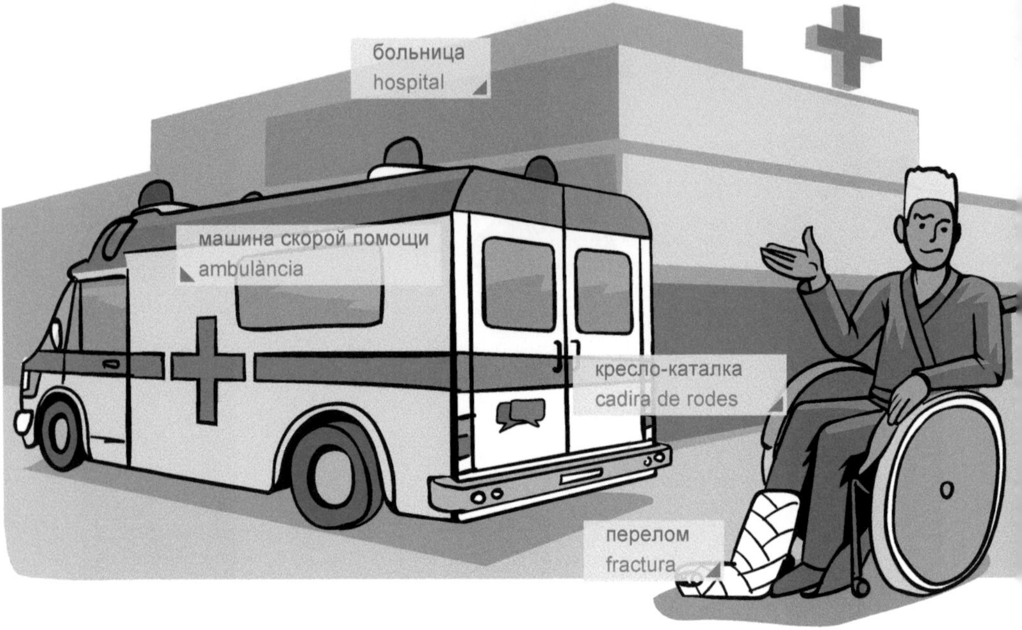

больница
hospital
машина скорой помощи
ambulància
кресло-каталка
cadira de rodes
перелом
fractura

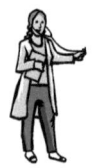

врач

doctora

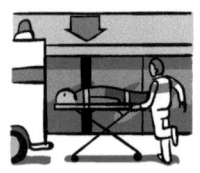

пункт первой помощи

sala d'urgències

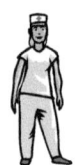

медсестра

infermera

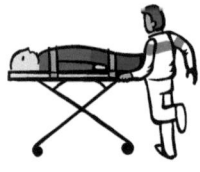

неотложный случай

urgència

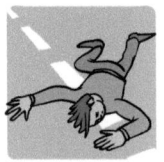

без сознания

inconscient

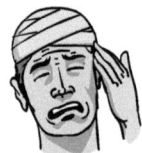

боль

dolor

повреждение

ferida

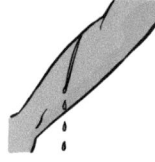

кровотечение

sagnament

инфаркт

atac de cor

инсульт

apoplexia

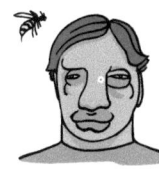

аллергия

al·lèrgia

кашель

tos

повышенная температура

febre

грипп

gripa

понос

diarrea

головная боль

mal de cap

рак

càncer

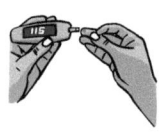

диабет

diabetis

хирург

cirurgià

скальпель

escalpel

операция

operació

КТ

tomografia computada (TC), TAC

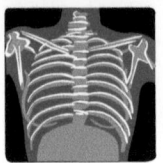

рентген

raigs x

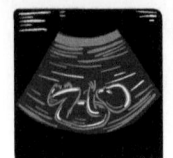

ультразвук

ultrasò

маска

mascareta

болезнь

malaltia

приёмная

sala d'espera

костыль

crossa

пластырь

tireta

бинт

embenat

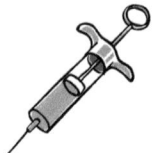

укол

injecció

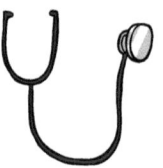

стетоскоп

estetoscopi

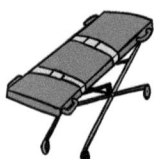

носилки

llitera

термометр

termòmetre clínic

рождение

pariment

избыточный вес

sobrepès

слуховой аппарат

aparell auditiu

дезинфекционное средство

desinfectant

инфекция

infecció

вирус

virus

ВИЧ / СПИД

VIH / SIDA

лекарство

medicina

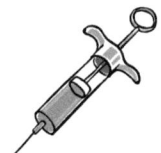

прививка

vaccí

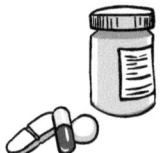

таблетки

comprimits

противозачаточная таблетка

píl·lola

экстренный вызов

trucada d'urgència

прибор для измерения кровяного давления

tensiòmetre

больной / здоровый

malalt / sà

сигнал тревоги

alarma

нападение

assalt

Помогите!

Socors!

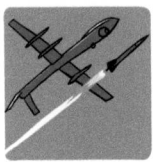

атака

atac

опасность

perill

запасной выход

sortida-eixida d'urgència

Пожар!

Foc!

огнетушитель

extintor

несчастный случай

accident

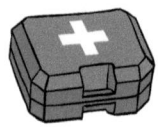

аптечка

farmaciola de primers auxilis

SOS

SOS

милиция

policia

Европа

Europa

Северная Америка

Amèrica del Nord

Южная Америка

Amèrica del Sud

Африка

Àfrica

Азия

Àsia

Австралия

Austràlia

Атлантический океан

Atlàntic

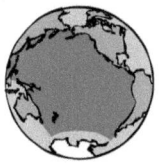

Тихий океан

Pacífic

Индийский океан

Oceà Índic

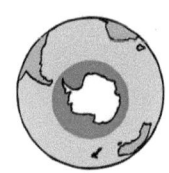

Антарктический океан

Oceà Antàrtic

Северный Ледовитый океан

Oceà Àrtic

Северный полюс

pol nord

Южный полюс

pol sud

Антарктика

Antàrtida

земля

terra

суша

país

море

mar

остров

illa

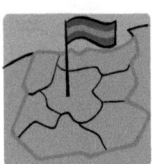

нация

nació

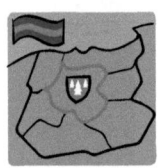

государство

estat

циферблат

quadrant

часовая стрелка

agulla de les hores

минутная стрелка

agulla dels minuts

секундная стрелка

agulla dels segons

Который час?

Quina hora és?

день

dia

время

temps

сейчас

ara

электронные часы

rellotge digital

минута

minut

час

hora

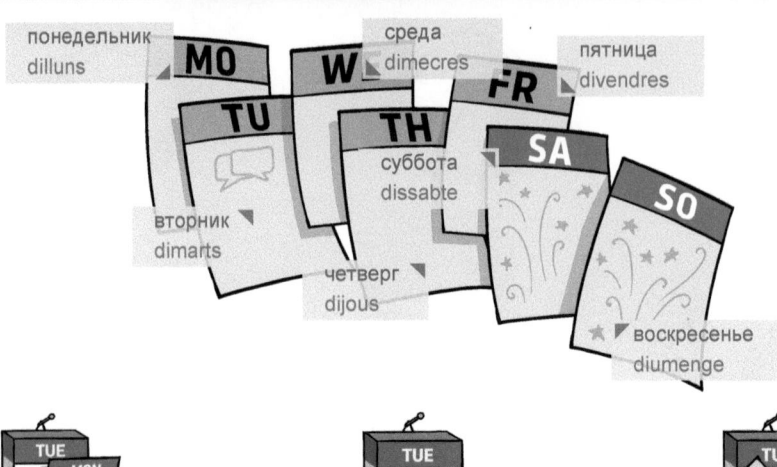

понедельник
dilluns

среда
dimecres

пятница
divendres

вторник
dimarts

четверг
dijous

суббота
dissabte

воскресенье
diumenge

вчера

ahir

сегодня

avui

завтра

demà

утро

matí

полдень

migdia

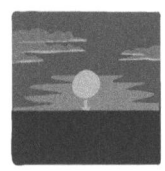

вечер

tarda

рабочие дни

dia feiner

выходные

cap de setmana

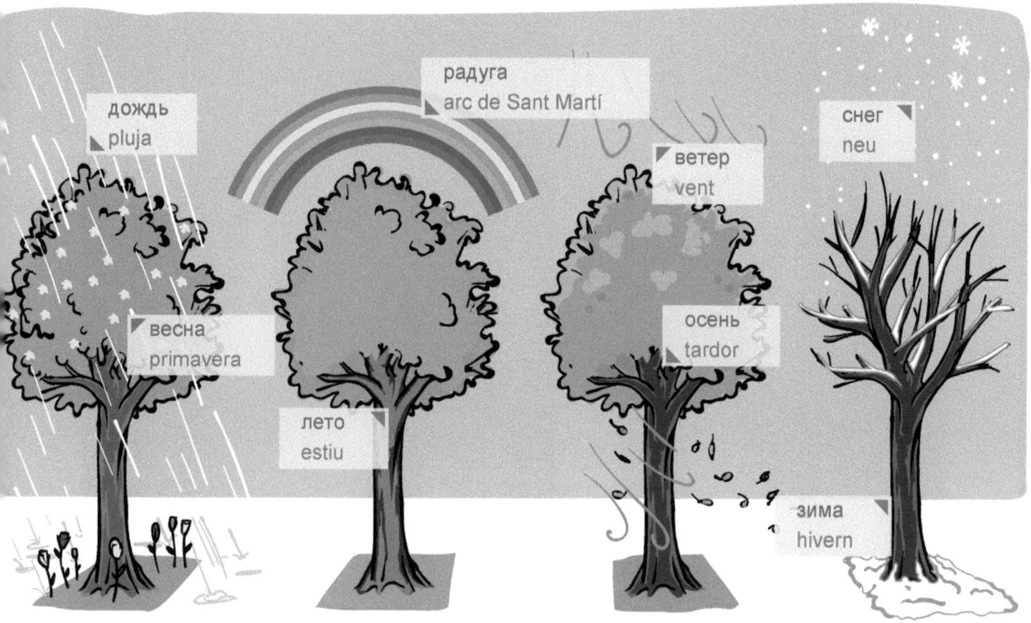

дождь
pluja
радуга
arc de Sant Martí
снег
neu
ветер
vent
весна
primavera
осень
tardor
лето
estiu
зима
hivern

4.APRIL 11°
5.APRIL 4°
6.APRIL 13°
7.APRIL 8°
8.APRIL 10°

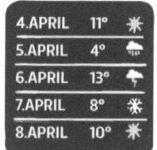

прогноз погоды

pronòstic del temps

F C
120 90 60 30 0 -30
40 30 20 10 0 -10 -20

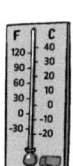

термометр

termòmetre

солнечный свет

llum del sol

туча

núvol

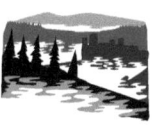

туман

boira

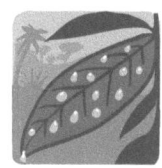

влажность воздуха

humiditat de l'aire

молния

llamp

гром

tro

буря

tempesta

град

calamarsa

муссон

monsó

наводнение

inundació

лёд

gel

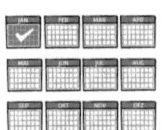

январь

gener

февраль

febrer

март

març

апрель

abril

май

maig

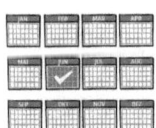

июнь

juny

июль

juliol

август

agost

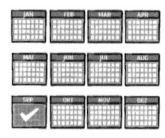

сентябрь

setembre

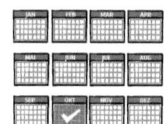

октябрь

octubre

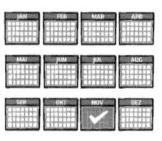

ноябрь

novembre

декабрь

desembre

формы
formes

круг

cercle

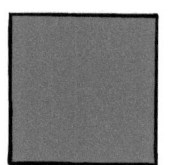

квадрат

quadrat

прямоугольник

rectangle

треугольник

triangle

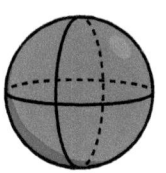

шар

esfera

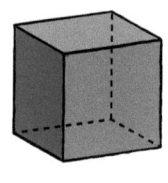

куб

cub

белый

blanc

желтый

groc

оранжевый

taronja

розовый

rosa

красный

vermell

лиловый

lila

синий

blau

зелёный

verd

коричневый

marró

серый

gris

чёрный

negre

много / мало

molt / poc

яростный / мирный

emprenyat / tranquil

красивый / уродливый

bonic / lleig

начало / конец

començament / fi

большой / маленький

gran / petit

светлый / темный

clar / fosc

брат / сестра

germà / germana

чистый / грязный

net / brut

полный / неполный

complet / incomplet

день / ночь

dia / nit

мёртвый / живой

mort / viu

широкий / узкий

ample / estret

съедобный / несъедобный

comestible / immenjable

злой / дружелюбный

dolent / amable

взволнованный / скучающий

entusiasmat / entediat

толстый / худой

gros / prim

сначала / в конце

primer / darrer

друг / враг

amic / enemic

полный / пустой

ple / buit

твёрдый / мягкий

dur / tou

тяжёлый / легкий

pesant / lleuger

голод / жажда

gana / set

больной / здоровый

malalt / sà

незаконный / законный

il·legal / legal

умный / глупый

intel·ligent / ximple

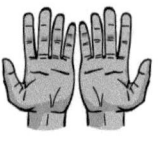

слева / справа

esquerra / dreta

близко / далеко

prop / llunyà

новый / подержанный

nou / usat

ничто / нечто

res / quelcom

старый / молодой

vell / jove

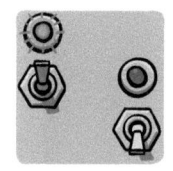

включено / выключено

encès / apagat

открыто / закрыто

obert / tancat

тихо / громко

silenciós / sorollós

богатый / бедный

ric / pobre

правильный /
неправильный
correcte / incorrecte

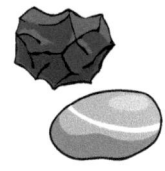

шероховатый / гладкий

aspre / suau

печальный / счастливый

trist / content

короткий / длинный

curt / llarg

медленный / быстрый

lent / ràpid

мокрый / сухой

humit / sec - eixut

тёплый / прохладный

calent / fred

война / мир

guerra / pau

0	**1**	**2**
ноль	один	два
zero	u	dos

3	**4**	**5**
три	четыре	пять
tres	quatre	cinc

6	**7**	**8**
шесть	семь	восемь
sis	set	vuit

9	**10**	**11**
деăять	десять	одиннадцать
nou	deu	onze

12

двенадцать

dotze

13

тринадцать

tretze

14

четырнадцать

catorze

15

пятнадцать

quinze

16

шестнадцать

setze

17

семнадцать

disset

18

восемнадцать

divuit

19

девятнадцать

dinou

20

двадцать

vint

100

сто

cent

1.000

тысяча

mil

1.000.000

миллион

milió

английский

anglès

американский английский

anglès americà

мандаринский китайский

xinès mandarí

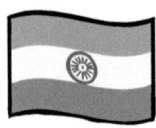

хинди

hindi

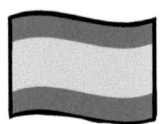

испанский

espanyol

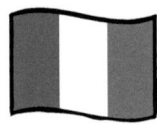

французский

francès

арабский

àrab

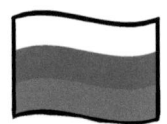

русский

rus

португальский

portuguès

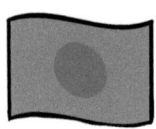

бенгальский

bengalí

немецкий

alemany

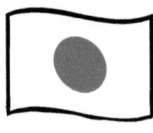

японский

japonès

я

jo

ты

tu

он / она / оно

ell / ella / allò

мы

nosaltres

вы

vosaltres

они

ells

кто?

qui?

что?

què?

как?

com?

где?

on?

когда?

quan?

имя

nom

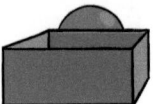

за
darrere

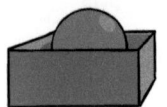

в
en

перед
davant de

над
damunt

на
sobre

под
sota

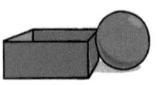

рядом
al costat

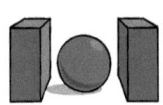

между
entre

место
lloc